AF224786

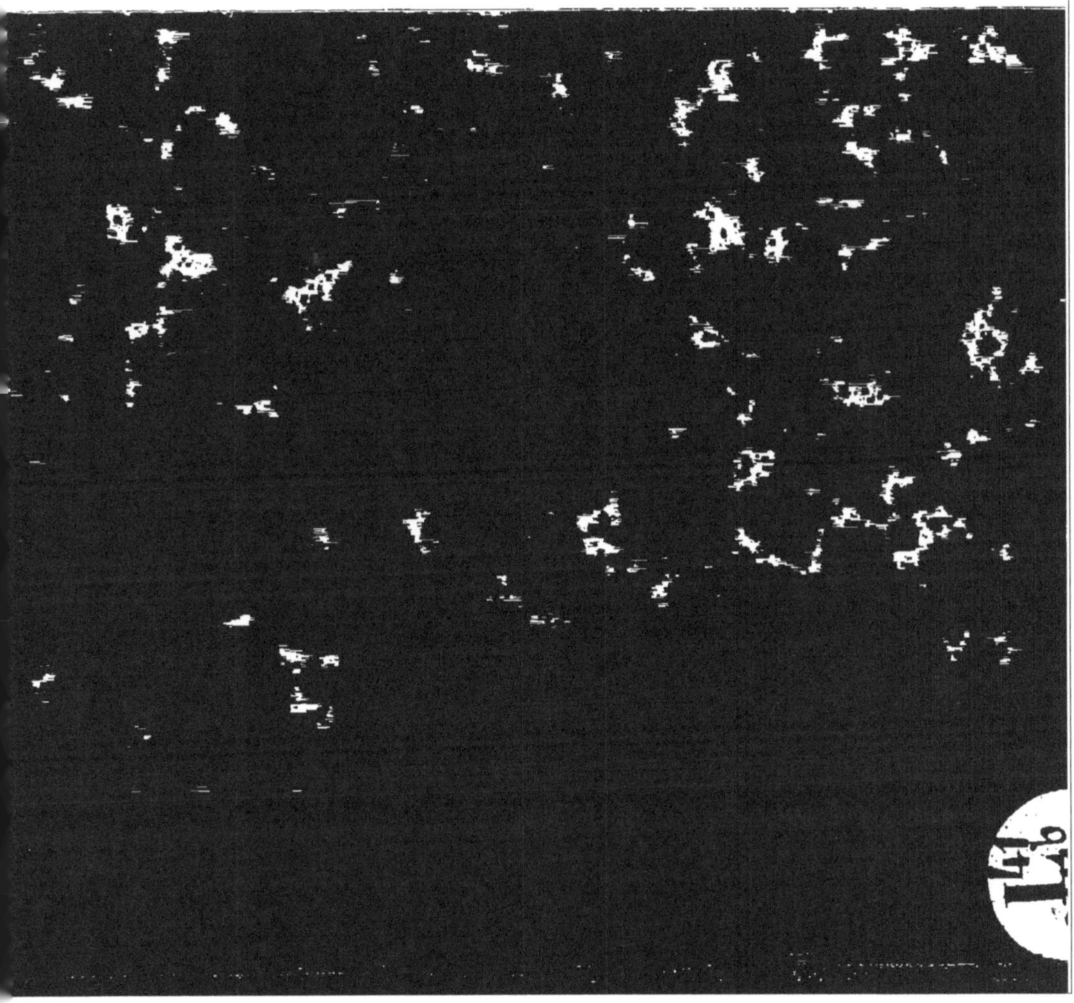

AU PEUPLE,

SUR

LA CONSTITUTION

QUI VA LUI ÊTRE PRÉSENTÉE

PAR LA CONVENTION NATIONALE.

J. P. Picqué , *Député du Département des Hautes - Pyrénées.*

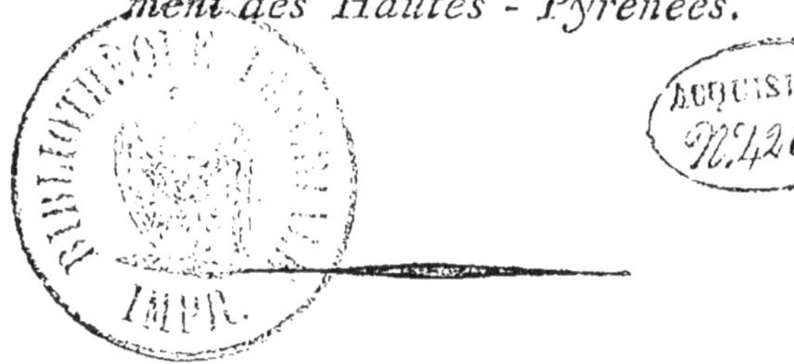

A PARIS,

De l'Imprimerie du Cercle Social, rue du Théâtre Français, n°. 4.

1793.

L'AN DEUX DE LA RÉPUBLIQUE FRANÇAISE.

AU PEUPLE,

SUR

LA CONSTITUTION

Qui va lui être présentée par la Convention nationale.

—————

UN Peuple magnanime et puissant sera toujours respecté, mais peu de gens auront assez de vertu pour s'exposer à lui déplaire, et pour épargner à sa gloire le reproche d'erreur et de cruauté. Obsédé par des *flatteurs*, des *amis* et même par des *protecteurs*; que de raisons pour excuser le Peuple placé au milieu de nos crises politiques! Et cependant la séduction n'a pas eu un grand effet sur lui. Vainement d'insensés démagogues ont cherché à l'égarer, à faire passer leurs clameurs pour sa voix ; son esprit naturel le sert encore mieux que tous les sophismes des intrigans. Ce n'est pas à des hommes profondément corrompus , égarés , stipendiés sans - doute par nos ennemis , qui s'appellent la Nation française toute entière et se chargent effrontément de la représenter , que j'adresse quelques considérations générales sur notre organisation prochaine ; mais à cette imposante majorité d'habitans des campagnes et des villes , qu'on esseieroit inutilement de séduire en employant le mensonge ou la livrée respectable de la pauvreté. Rarement dupe des charlatans politiques , ce bon peuple démêle aisément les piéges qu'on tend à sa bonne-foi ; pour lui le système des Tybères et des Machiavels modernes , se réduit à la force et au sentiment évident de l'avantage commun. Auprès du peuple , le grand art , l'art unique de l'orateur , est de se mettre à découvert, d'être clair et à portée de l'intelligence de tous.

Apôtres de l'anarchie, corrupteurs qui ne savez que pallier les vices et éteindre les vertus , vous venez d'éprouver à quoi se réduisent tous vos coupables discours: quelle leçon pour vous, que celle que vient de vous donner un ménuisier de Marseille ! (*)

On ne peut cependant se dissimuler que l'instruction du peuple ayant été négligée pour la paix des despotes, l'ignorance est inséparable de la grandeur souveraine, comme la flatterie semble une propriété de l'esclavage. Pour s'emparer de la puissance du peuple, ses courtisans l'amusent encore aujourd'hui, comme les faiseurs de romans et les poëtes l'ont toujours amusé, écartant ceux qui ne se proposent que son utilité, ou le besoin de l'instruire. Comment reconnoîtroit-il la vérité, dans ce langage abstrait et nouveau qu'on lui présente sans cesse avec les accens de la fureur et de la demence ? comment se doutera-t il sur-tout qu'il pourroit être

(*) Des brigands, repandus dans toute la république, excitoient les sections de Marseille au meurtre et au pillage. (Dans une ville de commerce, les richesses sont le fruit de l'industrie et du travail.) Un garçon ménuisier fait, au milieu d'une grande assemblée, le serment de ne chercher son existence que dans son métier, et dévoile courageusement ensuite la perfidie des faux patriotes : à ce signal, le peuple se lève ! l'hydeuse anarchie disparoît du midi de la France.

trompé par ses bons amis ? Veulent-ils seulement permettre qu'on lui dise que le défaut d'expérience entretient des erreurs, suites inévitables de son enthousiasme même pour les vertus républicaines ? que la faculté de juger par analogie étant bornée, il est condamné à mal juger tout ce qu'il n'aura pas vu ou étudié à fonds lui-même ; à être entraîné, sans le vouloir, à toutes les méprises de la vengeance, à tous les genres de cruauté dans les premiers momens de sa colère. Le jour, et il n'est pas éloigné, où la flatterie n'aura plus de prise sur lui, le peuple saura distinguer la louange méritée de cette adulation hypocrite avec laquelle on voudroit peindre ses actions simples et raisonnables, si naturelles au Français et qui lui coûtent si peu. C'est alors qu'il regardera en pitié ces discoureurs effrontés et leurs éternelles déclamations. Alors, la vérité présentée par la sagesse, vaudra mieux sans doute pour lui, que les déguisemens, les tours de force et des bateleurs qui assiégent les tribunes.

Héros de l'anarchie, qui couvrez votre tête du signe glorieux de la souveraineté nationale , ne seriez-vous pas nés encore pour la liberté? Ce n'est pas assez de l'aimer , si vous restez encore long-tems esclaves de toutes les ambitions. Il faut que vous appreniez à vous acquitter des obligations sociales, il faut ménager jusqu'au moindre fil de cette trame qui attache les hommes les uns aux autres. Que les mesures de prudence n'irritent donc plus votre rare patriotisme ? Avez-vous oublié que cette grande vertu signala les meilleurs gouvernemens ? leur histoire fournit la leçon et l'exemple.

Après la victoire de la Salamine , on interrogea tous les généraux Grecs aux pieds des autels , pour savoir celui d'entr'eux qui avoit le mieux mérité de la patrie ; tous répondireut , c'est Thémistocle ou moi. Les Lacédémoniens conduisirent Thémistocle à Sparte , le couronnèrent d'olivier et lui décernèrent le prix de la prudence.

Ce n'est pas d'aujourd'hui seulement que des orateurs ont acquis le droit de sonner le tocsin des divisions et de la guerre. Trop près des événemens vraiment extraordinaires qui se succédeut avec tant de rapi-

dité , pour écarter des applications qui seroient facilement saisies , je vais prendre
au hasard quelques exemples dans les siècles qu'on dit meilleurs que celui-ci ; le
tems passé n'est pas d'ailleurs si loin qu'on
le pense. Les passions des hommes ramè-
nent les mêmes intérêts : fédérations, pé-
rils , succès, tout se combine dans les gouvernemens modernes comme dans les anciens.

Athènes fit mourir *Phocion* , Socrate
but la sigue , les Spartiates arrachèrent un
œil à *Licurgue*. Quel fut le crime de ces
législateurs ? d'avoir dit des vérités au
peuple. Après leur mort, il leur décerna des
autels. *Solon* et le premier *Brutus* passèrent
pour des *hommes d'état* , c'est - à - dire ,
pour des *imbécilles* dangereux ; ils s'en
glorifioient aux yeux des tyrans. Comme
aujourd'hui , *les bons amis* du peuple ,
exerçant un pouvoir sans bornes , entre-
tenoient la haine et les divisions , multi-
plicient les occasions de faire fortune.

Démosthène , par le torrent de son éloquence , entraîna la perte de deux répu-
bliques fameuses. Thèbes fut saccagée et

brûlée , ses habitans vendus ou tués , Athènes perdit sa liberté.

L'éloquence de l'orateur romain ne fut pas moins funeste à la république. S'il la préserva de la conjuration de Catilina , il excita le peuple contre Pompée. Celui-ci, par une sage économie , conservoit son armée dans laquelle résidoit le salut de Rome , par l'abaissement de deux factions rivales , également dangereuses. Mais quand Cicéron eût joint ses éloquens dis-cours aux cris du peuple , Pompée se rendit et marcha à Pharsale. Tout est soumis à César , mais l'ame de Caton ne l'est pas. Voilà comment on parvint à dégoûter le peuple romain de la liberté ; il préféra de devenir l'égal de ses tyrans dans la servi-tude , plutôt que de partager avec eux une autorité turbulente et avilie.

Nous n'avons guère à craindre l'effet de ces grands mouvemens oratoires , au-jourd'hui qu'on ne cesse de pervertir toutes nos connoissances , d'établir ce système des nations barbares dans lequel la force seule suffit à l'affermissement de la liberté. Cette étrange doctrine rappelle celle de je ne sais quel prince , qui n'admettoit aussi aucune différence entre le vice et la vertu, entre un honnête-homme et un scélérat ; qui prétendoit qu'à coup-sûr les hommes d'esprit devoient être de grands fripons ; il n'y avoit en effet selon lui d'honnêtes-gens que les sots.

Je n'ai garde assurément de vouloir conclure que la supériorité de talens ait seule produit d'aussi funestes suites. La vérité ne sauroit être altérée par de semblables exemples de la fragilité humaine. La raison, au contraire, nous démontrera toujours que, si dans l'ordre de la nature, les hommes sont destinés à être gouvernés, quelques-uns sont désignés plus particulièrement à les éclairer.

La nature sème également, nous ne recueillons pas de même. Elle n'a pas cependant été plus avare pour notre siècle, que pour ceux qui virent les législateurs de la Grèce. Il y a eu, et il y aura toujours dans les gouvernemens des hommes supérieurs, car la fortune entretient une espèce de rivalité entre la sagesse, elle est aveugle sans doute, puisqu'elle se décide trop souvent en faveur des intrigans.

Avant de vous parler de la Constitution,

il doit être permis , sur-tout dans le moment où j'écris , de dire au peuple combien on l'a égaré en lui présentant sans cesse d'audacieux conspirateurs au sein même de la Convention nationale , de cette Convention tant calomniée , soit sur la lenteur de ses travaux , quoiqu'on sache bien que dans un gouvernement libre , les discussions se prolongent nécessairement et plutôt à l'avantage qu'au détriment de la république ; soit sur la diversité d'opinions qui y règne , comme si , allant au même but , une grande assemblée d'hommes libres et éclairés n'avoient pas des moyens divers ; de cette Convention qui , je l'espère , en moins d'une année aura donné un grand exemple par le jugement du tyran , offrira une constitution au peuple français , et forcera l'Europe conjurée de recevoir la paix.

Depuis huit mois , de grands complots doivent être révelés ; on a lieu de croire que les dénonciateurs n'ont rien épargné pour s'en procurer les preuves. Qu'a dû cependant remarquer la partie éclairée de la Nation ? la conspiration de l'Europe entière combinée avec la trahison de nos perfides généraux , et des décrets *unanimement* adoptés pour prévenir les suites funestes de tant de malheurs. Vous n'y êtes pas ? vous diront des patriotes que je veux croire sincères, il existe des hommes pervers, et la Gironde ! . . . . . . Que veulent-ils que nous fassions de cette terrible vérité ? Dans le moment où nous sommes , lequel vaut mieux de l'ignorer ou de l'apprendre ? pour moi jai beau rêver , je ne vois pas qu'on puisse tirer autre chose de toutes les présomptions , que le fléau funeste de la guerre civile qui peut se répandre à l'instant dans toute la république. Citoyens , cruels ou imprudens , attendez du moins pour nous découvrir des maux qu'on ne peut prévoir , que nous soyons assez paisibles pour les réparer. Ah ! si Dieu lui même me révéloit une vérité qui dût porter le trouble et la guerre , je ne dis pas dans un vaste empire , je ne dis pas dans une seule cité , mais dans une seule famille , je me dirois à moi-même, *cache cette vérité dans le fond de ton cœur: c'est un dépôt qui t'est confié, pour maintenir en le célant , la paix parmi*

tes semblables. Oui , la vérité même ,
quand elle est inutile au bien de la république et dangereuse dans la société , doit
être enchaînée comme une bête féroce.
Et que les calomniateurs déguisés ne disent
pas , que la vérité n'est jamais dangereuse; ce seroit dire que l'esprit de l'homme
est toujours juste et que son cœur est tou-
jour droit. Nous ne pouvons pas plus recevoir la vérité dans tous les tems , que la
nourriture à toutes les heures.

Citoyens, veillez, mais ne vous laissezpas
séduire par toutes ces révélations artifi-
cieuses ; dites-vous bien , que toute assemblée d'hommes a toujours offert un mélange
de vices et de vertus , d'audace et de ti-
midité , de talens et de calomnies ; que ce
mélange même est peut-être nécessaire
pour opérer la fermentation qui épure les
décisions de ce qui est dangereux et ne
laisse que l'utile : à peu-près comme de la
combinaison des plantes venimeuses et sa-
lutaires on forme de vrais remèdes.

Sans vous embarrasser de scruter les
cœurs de ceux qui viennent préseuter des
loix à l'acceptation du peuple , contentez-
vous de ces loix mêmes; que vous importe

l'ouvrier quand vous n'avez à faire que de l'ouvrage ? Fût-ce la main de Catilina qui présentât de bonnes loix , il faudroit les recevoir comme de la bouche de Caton même ; quand on croit entendre la raison de tous les hommes , doit-on jamais chercher la passion de tel homme ?

Je sais que dans ces momens critiques on n'épargne rien pour décrier ces loix , et que d'avance on en prédira les effets les plus funestes. Déja on a répandu , avec l'impudeur de l'ineptie, que la constitution nouvelle renferme une niche toute prête à recevoir un roi Un roi ! aux français libres ! Notre gouvernement , disent des hommes qui se croient sublimes , parce qu'ils sont extravagans , prépare le fédéralisme par sa division départementaire.... Citoyens, il faut vous dire naïvement ce que vous devez attendre de la constitution. Voulez-vous abréger ces vaines prédictions ? faites., à ces détracteurs, une seule question et pressez-les d'y répondre. En avouant tout ce que vous voudrez de nos loix nouvelles qui laissent toute la latitude possible pour les améliorer , rendront-elles , leur demanderez-vous , le peuple

plus malheureux qu'il ne l'étoit par les
loix anciennes ? vous verrez ces hommes
rougir , se taire , ou vous parler de la république universelle de Clootz.

Mais suivez-les dans leur fuite , et de-
mandez-leur , s'ils ont tout-à-fait oublié ce
que nous étions , pour s'allarmer tant de
ce que nous allons être. Bien loin de nous
regarder comme des citoyens , direz-vous
à ces patriotes difficiles , plus aristocrates
que vous ne pensez , à peine sembloit-on
nous croire des hommes : notre conscience
appartenoit à tous les prêtres , notre fortune a tous les déprédateurs , et nos personnes à tous les délateurs. Nous étions la
proie de nos ennemis dans la guerre , et la
fable de l'Europe dans la paix. Nous étions
si loin d'avoir quelque liberté , qu'il ne
nous étoit pas même permis de parler de la
liberté des autres. Souhaiter un meilleur
gouvernement , étoit pour nous aussi pé-
rilleux , que pour d'autres peuples de l'ob-
tenir.

Pour comble de misère , le tems et l'in-
fortune nous avoit ravi jusqu'à cette gaîté
qu'on appelloit folie et que la nature sem-

bloit avoir donné aux Français , comme elle donne le sommeil au malheureux.

Vous qui n'aimez pas la révolution, parce qu'elle a diminué les jouissances de l'esclavage , j'interroge votre conscience ; ajouterez-vous , je vous demande , si l'on vous avoit annoncé le spectacle imposant qu'offrira la France victorieuse de tous ses ennemis, n'auriez-vous pas d'abord écouté comme un rêve et reçu comme un présent de la divinité , ce qui vous est offert de la main de quelques concitoyens que vous n'aimez ou n'estimez pas ? Vous décriez notre constitution ? eh bien ! venez donc ; venez jurer sur le code de nos loix absurdes et barbares , venez jurer à la porte de nos bastilles ; venez jurer dans nos campagnes désolées , dans les chaumières incendiées d'impôts , dans les places publiques teintes de sang humain , dans les palais des rois , investis par la flatterie et le mensonge ; venez jurer aux pieds de ces courtisans, de ces ministres plus vils que la servitude , et plus corrompus que le vice même; venez maintenant jurer que notre ancienne servitude est préférable au bonheur que la paix, l'union et l'anéan-

tissement

tissement de l'anarchie nous préparent.
Non, vous ne l'oseriez jamais.

C'est une place si commode pour l'avenir, on y dispose si bien de toutes choses;
les événemens qui ne sont pas arrivés, gênent si peu que vous devez bien vous attendre, vous qui désirez la république et
la paix, de voir ceux qui ne s'en soucient
guère, vous dire que le fléau d'une monarchie est nécessaire à une grande nation.
Vous les verrez se sauver des reproches du
passé en se jettant parmi les fantômes
de l'avenir ; ils voudront vous en épouvanter ; et vous entendrez sur la constitution
nouvelle, les prédictions les plus funestes.

Les hommes sont presque tous de grands
enfans ; comme eux, ils se plaisent, par
l'émotion même de la terreur, à écouter
les contes qui les effraient. Tâchez de ramener ceux-ci à la vérité, par quelques
observations que je vais vous offrir.

Lisez, citoyens, ou faites vous raconter
ce que les hommes ont écrit sur les gouvernemens de la terre les plus célèbres par
leur liberté. Vous ne trouverez aucun de
ces gouvernemens où la liberté ait été
conservée ou ruinée, précisément de la

B

manière que les politiques l'avoient annoncé.

Quand on établit le tribunat à Rome,
doutez-vous que les aristocrates ne fissent
des harangues admirables pour en démon-
trer le danger et qu'ils ne peignissent le
peuple romain à Rome , comme on peint
le peuple français à Londres ou à Berlin?
Harangues admirables ! éloquence su-
blime ! le tribunat sauva Rome.

Quel politique romain ne regarda la
dictature comme un moyen de salut pu-
blic ? et l'institution de la dictature perdit
Rome. Nul homme ne peut voir la con-
nexion des événemens entre la dictature
de Camille ou de Fabius, et celle de Sylla
ou de César.

O vanité de la politique , même après
l'existence de l'empire romain ; quand
mille histoires eurent exposé à tous les
yeux, et mis pour ainsi dire dans toutes
les mains les pièces de cette vaste machine , quand elles eurent montré les événemens qui en avoient excité le jeu ; ses
étonnans effets furent encore un problême:
il a fallu de nos jours le génie de Montesquieu pour nous en expliquer la grandeur

et la décadence. Et , ce qui est bien extraordinaire , ce même Montesquieu, qui, dans cet ouvrage , perçant la nuit des tems , semble n'avoir qu'à desirer, pour prévoir aussi sûrement l'avenir , ce Montesquieu s'avise de promettre une grandeur future à une petite république de Suisse, qui n'a trouvé jusqu'ici sa sûreté que dans sa modération bornée à sa conservation. On diroit qu'elle mit sa sagesse à démentir le prédiction de Montesquieu.

Mabli n'a-t-il pas vanté le gouvernement de la Suède , et ce gouvernement n'a cessé de tendre à se dissoudre.

Quand les nouveaux Américains voulurent se donner une constitution fédérative, combien les Anglais n'annoncèrent-ils pas sa ruine ? Eux-memes depuis qu'ils sont libres et riches , n'ont pas cessé de se prédire, d'un jour à l'autre , la banqueroute et l'esclavage ; et, ce qu'il y a d'admirable , on voit toutes ces vaines prédictions se réfugier dans l'avenir , à mesure que le présent les dément et les poursuit, et s'appeler toujours effrontément la *vérité*, le lendemain même du jour qui les a convaincus d'imposture.

Je vais plus loin, si vous demandiez, citoyens, à tous ces politiques si clairvoyans et si prévoyans sur les effets de notre constitution, de vous développer toutes les causes de la révolution qui nous passionne aujourd'hui si justement ; nul ne pourroit vous les assigner avec précision ; vous les verriez tous entrer dans un labyrinthe où chacun errant à sa manière, l'un auroit préparé par sa plumé, l'autre par son épée la chûte du tyran.

Foibles et insensés que nous sommes ! uous ne saurions expliquer le passé, ni le présent, nous avons la fureur de lire dans l'avenir ! nous oublions que les hommes n'ont que deux grands - maîtres pour les instruire, l'expérience et le génie ; que ces deux maîtres ne peuvent presque rien l'un sans l'autre. Que l'expérience n'est rien sans le génie qui la recueillie, comme le génie est peu de chose sans l'expérience qui le soutient.

Qu'on parcourre le journal des débats. L'intention assûrément est aussi pure qu'elle est louable dans les législateurs qu'on voit analyser, de composer un principe quelconque, de montrer pièce à pièce la machine politique ; calculer la dimension de chaque roue, leur action réciproque, leurs frottemens ; fiers de la conquête d'un amendement, d'un mot qui seront immortalisés dans le moniteur, comme s'ils avoient tout fait annoncer hardiment les effets ou la durée de l'article adopté. Mais le premier mobile de tous ces rouages, le cours des événemens et tout ce que notre ignorance appelle *hasard*, le peuvent-ils calculer ? savent-ils si de l'urne de la providence, toujours enfoncée dans un nuage, ces événemens couleront comme des torrens ou comme des ruisseaux ?

Au lieu de prédire le cours réglé des effets que des hommes exagérés n'en prévoient-ils plutôt l'incertitude et les écarts ? comptant peu sur la solidité de cet engrenage politique, que ne disposent-ils au tour de ces rouages, des ouvriers qui sachent reparer ou faciliter leur jeu ?

Ces ouvriers plus nécessaires que la machine même, politiques révolutionnaires, apprenez des législateurs anciens, ce qu'ils sont ou ce qu'ils doivent être : ce sont les instituteurs des enfans, les cen-

seurs des hommes ; ce sont , en un mot ,
ceux qui réformeront nos mœurs. Voilà ,
voilà le seul regulateur , la vraie *sans-culotterie* , dont vous parlez à peine ,
dont vous vous écartez toujours par la
cruauté de votre morale et par l'excès de
votre corruption.

Citoyens vertueux, je vous vois effrayés,
me demander quand cesseront vos maux ?
ils ne finiront qu'avec la chûte de la ty-
rannie de tous les partis ; redites-le sans
cesse , parce que sans cesse on l'oubliera.
Ce sont nos mœurs qui décideront du sort
de notre constitution , et notre constitution ne sauroit décider seule de nos mœurs.

Si nos loix et non le brigandage égali-
sent les fortunes , si de sages réglemens
favorisent le travail et rendent l'oisiveté
plus pénible que le travail même , si nos
loix criminelles sont douces et mpartiales,
punissent avec modération , récompen-
sent les vertus avec générosité, notre im-
mense vaisseau est à peu près achevé ;
mais où sont les vents heureux qui peuvent le mettre à l'abri de la tempête ?

Amis de la paix , vous ramenerez des
citoyens égarés , vous terminerez bien des

disputes en vous ralliant à la représentation nationale ; ne craignez pas que vos
mandataires puissent abuser des pouvoirs
qui leur sont confiés. Il est bon de vous
rappeler , puisque les désorganisateurs
feignent de redouter l'autorité des assemblées nationales , pour détruire plus sûrement la liberté , que le caractère d'une
assemblée législative dépend principale-
ment de la durée du pouvoir de ses membres et peut-être qu'en bornant la durée
d'une législature à une année , on a tout
fait pour tempérer l'ambition si redoutée
d'un corps législatif unique , je craindrois
bien d'avantage son indifférence.

Ce n'est pas sur la Convention nationale
d'aujourd'hui qu'il faut se former une idée
des assemblées nationales qui lui succéde-
ront. La première composée de tant d'élé-
mens divers a été agitée de passions violentes , de mouvemens extraordinaires ,
restes impurs de la cour , dirigés contre
sa dignité , son influence et sa propre
sûreté , par tous les plus habiles fripons
de l'Europe. Je ne redoute pour les autres
assemblées que les petites passions et la
langeur dans tous les mouvemens , d'où

peuvent resulter l'indifférence et le gouvernement des intrigans , le pire danger
pour la liberté civile.

Je vais essayer d'expliquer mes idées(*).

Tout citoyen membre d'un corps particulier institué dans la grande société peut
être animé de trois intérêts forts distincts :
l'intérêt de *l'homme* , l'intérêt du *corps* ,
et l'intérêt de *l'état*.

L'intérêt de l'homme dépend de sa constitution physique et de ses habitudes mo-
rales. Il se réduit dans l'état de société ,
à chercher son bonheur soit dans les richesses , soit dans le pouvoir , l'estime
publique , l'exemption de toute passion,
soit enfin dans le repos.

L'intérêt de corps incite chacun de ceux
qui en font partie à seconder les passions
de l'*homme* , par tous les moyens qu'on
peut tirer de son corps ; aussi, quand ce
corps est très-puissant et quand les mem-

(*) Ces idées sont celles de tous ceux qui ont écrit,
parlé ou réfléchi sur la constitution. A cet égard j'ai
toujours préféré une pensée de quelqu'endroit qu'elle
parte , qu'une sottise de son cru ; n'en déplaise à
ceux qui se vantent de trouver tout chez eux et de ne
rien tenir de personne.

bres y sont attachés pour toujours ou pour long-tems, le parti qu'ils en peuvent tirer est si grand que chacun confond alors l'intérêt de *l'homme* avec l'intérêt de corps.

Enfin l'intérêt de *l'état* se mesure dans tous les cœurs, sur les moyens que la constitution présente à chacun pour s'y rendre heureux : quand les intérêts de l'état coincident, pour ainsi dire, avec les intérêts du corps, et que tous les trois tombent sur les mêmes points, il résulte de cet accord la plus grande force morale.

Mais ce chef-d'œuvre de sagesse est bien rare ; presque toujours au contraire les intérêts de l'homme et les intérêts de corps, contraignent les intérêts de l'état ; et ce qui peut arriver de plus heureux dans notre gouvernement, c'est d'instituer le corps et l'état, de manière que n'étant pas opposés par leur nature même, ils puissent du moins accorder souvent leurs intérêts et ne se combattre jamais à outrance. C'est à peu près cet état moyen qu'on peut observer dans nos meilleurs gouvernemens connus. L'harmonie complette des intérêts de l'homme, du corps dont il est membre et de l'état dont il est citoyen, ne peut encore s'observer nulle part.

Il seroit facile de faire l'application de ces idées, mais je ne cherche qu'à déterminer le genre et le degré de passion qui animera nos assemblées nationales. Et d'abord on ne sauroit nier que l'intérêt propre du corps législatif ne doive être très-foible dans le cœur de chaque membre. Se voyant dans ce corps pour une année et dans l'état pour toujours, nul ne pourra balancer entre l'intérêt de l'un et celui de l'autre.

Qu'importe en effet de travailler péniblement à l'accroissement d'un corps où peut-être on ne rentrera plus ? Quel est l'intérêt de se donner des maîtres qui peuvent toute votre vie vous opprimer comme sujets dans la foible espérence de partager encore quelques momens ce pouvoir comme député ? Non, ce calcul n'est pas dans le cœur humain et l'expérience a toujours prouvé que l'extrême briéveté d'un pouvoir auquel tous peuvent prétendre, tarit dans sa source, l'ambition de chacun.

D'après ces vérités incontestables, comment le peuple entier verra-t-il les craintes

ridicules que n'ont pas partagées les habitans de Paris, mais qui ont servi de prétexte au plus inconcevable délire ? Une
conspiration contre la sûreté publique est
dénoncée ; les conjurés sont désignés,
connus. Un comité chargé de suivre les
traces du crime, avec un pouvoir plus
limité que ne l'est celui d'un juge de paix,
est établi. Cette fois, les conspirateurs
vont être à découvert. Qui le croiroit ? cent
mille hommes armés, la plupart ignorent
le sujet de leur rassemblement, forment
une enceinte impénétrable au tour de la
Convention nationale ; des chefs qui se
croient sans doute patriotes zélés, habiles
et courageux, changent ces dispositions
militaires en siége ; cent pièces de canon
sont braquées, les fournaux préparent les
boulets, tandis qu'un homme dont je dé-
sire que le nom soit oublié, dresse des
listes de proscriptions, ou rectifie, au gré
de *ses amis*, celles qui avoient déja été
présentées. Je ne cherche pas à faire des
rapprochemens, je ne veux pas aggraver
des faits qui sont connus ; mais que fit
de plus Cromwel lorsqu'il dissipa le parle-
ment qui portoit ombrage à son usurpa-

tion ? Existe-t-il un Cromwel parmi nous ? je l'ignore. Qu'auroient fait de plus nos ennemis , pour disperser la Convention nationale et pour en massacrer les membres.

Cependant le siége est levé, et ce qni est plus essentiel pour les violateurs de la souveraineté du peuple dans sa représentation, on croit le fil des complots entièrement perdu. Conjurés et déprédateurs , tous sont sauvés ; les auteurs de tant de maux disent qu'encore une fois la patrie est sauvée.

Défenseurs intrépides des droits de l'homme , ennemis irréconciliables des rois, soyez-les aussi de toute oppression. Quel sort vous attend , si, dès l'aurore de le république, ses féroces amis vous préparent le règne de Tybère? si, pour assurer l'unité de la France et cimenter l'union de Paris et des départemens , vous outragez ses députés , vous méprisez pour eux les formes protectrices de la liberté de tous les citoyens ? si chacun de nous, comme au tems de Marius et de Sylla , doit redouter que son nom ne soit inscrit sur la liste fatale ?

Justice contre les mandataires infidèles !
les Nations les plus barbares la rendent,
les plus grands coupables l'obtiennent.
Justice contre les violateurs de la souveraineté nationale ! . . .

Législateurs ne balancez pas , hâtez-
vous. . . . .

Où en serions-nous , citoyens , si en se
disant sentinelles avancées , en protestant
d'un ardent amour pour la liberté , chaque
département , chaque district , chaque
commune, se disant tout le peuple français, pouvoient se dispenser de se sou-
mettre aux loix en se disant simplement
en insurrection ? si chaque section du peuple, peut appeller oppression tout ce qui
contrarie ou blesse seulement l'orgueil
de quelques individus ? Ce ne seroit pas
en vérité la peine de nous donner une
constitutiou, puisqu'après l'avoir acceptée
on auroit le droit de la violer impunément
sous prétexte de résistance légitime ?

Reportons cependant nos regards sur
cette constitution qui doit détruire tant
d'absurdités et tant de tyrannies (*).

(*) Comme les passions égarent ceux qui ne veu-

Les passions qu'on traite d'insensées, ne laissent pas d'avoir un calcul très - juste et une sorte de sagesse ; elle consiste à tâcher de mesurer à peu près les travaux sur les jouissances ; quand la disproportion est trop grande , comptez que les sentimens reprennent leur niveau et que le cœur reste calme.

L'intérêt particulier de chaque membre ne s'unira donc point , ou ne s'unira que foiblement à l'intérêt de corps , déja foible en lui-même : mais que devons-nous attendre de l'intérêt de l'état et qu'elle sera son énergie ? je l'ignore encore jusqu'à l'établissement des loix de l'éducation , des fêtes nationales , et sur-tout des loix remunératoires. On ne peut je crois rien prononcer sur le degré d'intérêt que chaque Français concevra pour la patrie. A ne considérer que la constitution politique même , le plus grand défaut à craindre

lent laisser reposer la liberté que sur les insurrections d'une ville qu'ils peuvent agiter sans cesse, ne veulent, pour condamner à leur tour les conspirateurs, non pas des preuves ordinaires , mais de quelques passages de Cicéron et de Saluste qui doivent être le seul juri de la condamnation de leurs adversaires ! ! !

est celui de trop affoiblir l'intérêt de l'état et l'énergie des passions utiles.

Je suppose en effet, d'après toutes les apparences, que la France soit réglée à l'avenir sur un plan de paix, autant qu'elle l'étoit autrefois sur celui de la guerre et des tracasseries étrangères ; je suppose encore que nos loix civiles et criminelles sont achevées ; il s'en faudra bien alors que nos assemblées nationales présentent ces grands intérêts qui nous transportent aujourd'hui, il faut même espérer qu'elles seront bornées aux détails économiques de l'administration d'une grande famille, et malheur à nous, s'il en arrivoit autrement !

Mais quand nous serons parvenus à ce point où nous devons tendre rapidement et que notre situation sera enfin fixée ; je demande qu'elle sera la passion énergique et générale que les Français pourront tirer du sein de leur constitution même.

Il ne faut point juger du peuple par ce moment de mutinerie, d'audace et d'ivresse de l'égalité. Quand le calme sera rétabli, vous verrez les citoyens moins fortunés et les citoyens riches reprendre insensiblement, dans l'état, le degré que leur assigne la nature.

A-peu-près comme des liqueurs d'une pésanteur inégale, se mêlent dans une forte agitation, mais se séparent dans le repos et se replacent selon leur pésanteur spécifique, alors, le peuple dont on craint tant aujourd'hui les excès, contractera la plus profonde indifférence pour ses me_neurs. Trouvant dans les loix une barrière contre l'oppression et la licence, ce peuple ne tirera que de lui-même ses passions bonnes ou mauvaises, utiles ou dangereuses.

Quant aux ames élevées, qu'elle sera leur passion ? sera-ce de servir l'état dans les assemblées nationales ? Pense - t - on, que l'ame, même la plus active, soit fortement tourmentée du besoin de venir des extrêmités de la république, abandonnant ses amis, ses parens, sa famille, pour passer une année isolée, dans une assiduité journalière et fatiguante de détails, avec l'espoir tout au plus d'une estime partagée avec plusieurs autres. Estime même à peine acquise qu'elle sera effacée par la foule des nouveaux représentans qui se

plairont

plairont à chasser devant eux comme de la poussière, la mémoire et les services de leurs dévanciers.

Trouvera-t-on dans les petites munici-palités et les conseils des départemens un ressort plus puissant ? je ne le crois pas. Des pouvoirs si bornés par leur durée et par leurs objets pourront-ils former un prin-cipe de passion énergique et publique ? Et n'est-il pas à craindre que, dans cette indifférence, les ames actives et fortes, se répliant sur ellés-mêmes, dédaignant de s'appliquer au gouvernement ne l'abon-donnent aux tyrans populaires, à ces bourreaux de la liberté qui ne savent qu'usurper l'opinion pour créer des réputa-tions exécrables, acheter des complices ou se vendre eux-mêmes, qui, pour dé-truire plus sûrement les bienfaits de la ré-volution, au lieu de former un patrio-tisme général de tous les patriotismes par-ticuliers sur des fondemens respectés et chéris, égarent la Nation sur les débris des usages, des mœurs et des habitudes.

En un mot qu'on l'examine bien : l'objet propre de notre constitution nouvelle devant être la réunion et la tranquillité qui naissent de l'égalité, il s'agit de savoir si, chez un grand peuple, d'un caractère actif, inquiet et léger, cette constitution sera assez forte pour changer son caractère, ou si son caractère ne sera pas assez fort pour faire changer la constitution. Il s'agit de savoir si la constitution, en le conduisant à l'indifférence, n'offrira pas des moyens à l'ambitieux pour le ramener au despotisme, ou si son caractère, en le précipitant vers des nouveautés, ne ruinera pas la liberté même.

J'ai toujours pensé qu'il ne faut point conduire l'homme au bien-être par le repos, mais à l'espérance du repos par le mouvement continu d'une passion utile, car il n'y a guère que trois manières de conserver un gouvernement libre. La vertu des citoyens, l'opposition et le combat des passions dangereuses, ou l'opposition de la vertu de quelques-uns avec les passions nuisibles de tous les autres.

De ces trois modes d'institutions politiques, le premier est chimérique puisqu'il consiste à faire d'honnêtes-gens de tous les citoyens. Ce n'est pas sur-tout à cette époque de notre régénération qu'on peut l'espérer.

Le second mode d'institution ne suppose que des hommes vicieux qui se combattent les uns, les autres. Il est plus applicable à la foiblesse humaine et à l'état général des Nations.

Enfin, la troisième méthode consiste à faire de la vertu une passion publique dans le cœur d'un grand nombre de citoyens et à maintenir sans cesse, le gouvernement en opposant cette passion utile aux efforts des passions dangereuses. Ce chef-d'œuvre des institutions politiques, est le seul où nous puissions prétendre.

Rassurons-nous donc, et croyons que les représentans du peuple sauront bien retrouver ces grands principes là où ils sont, pour les appliquer à notre constitution là où ils ne sont pas. Les craintes opposées me paroissent beaucoup plus fondées. Si notre constitution est menacée, c'est par l'oppression des petites intrigues et d'une médiocrité avilissante ; c'est par le défaut de grandes passions et non par leur excès.

Les troubles de la Vendée , qui mena-
cent de se propager , nous rappellent
malheureusement qu'il existe encore des
prêtres et des nobles, redoutables ennemis
de toute constitution républicaine. Je ne
suis pas assez insensé , pour prétendre que
vous les consolerez de leurs pertes. Quels
dédommagemens faire envisager à ces furieux ? Comme ils n'étoient tout qu'autant
que la Nation n'étoit rien , il est clair qu'ils
ne seront rien , quand la Nation sera quelque chose. Dans toute révolution excitée par
les excès du despotisme et de son affreux
cortège , il est indispensable que la joie
publique fasse verser des larmes à ceux
qui rioient des pleurs de tout le monde.

N'entreprenez jamais d'appaiser ces
hommes par les idées de justice ou par
l'image de la liberté : le malheur de ceux
qui ont exercé le pouvoir arbitraire est
d'être avili au point de supporter plus péniblement la fière égalité , que la plus hu-
miliante servitude.

Tout ce que vous pouvez faire et ce que
vous ferez sans doute , c'est de réprimer
ces insensés que leurs habitudes rendent

aujourd'hui si dangereux; mais après eux, il est peu de mécontens auxquels vous ne puissiez montrer les plus consolantes ressources dans l'ordre qui va naître. Ils connoissent peu les hommes, ceux que l'égalité effraie, et qui ont si-tôt oublié ce qu'ils ont souffert durant l'esclavage pour ne se rappeller que des maux passagers de la révolution ?

Citoyens, vous aurez beaucoup plus de peine à calmer l'ame des ministres catholiques irrités de toutes ces atteintes qu'ils appellent des attentats. Ce voile qu'on disoit sacré, qui, durant tant de siècles, a couvert tant de passions et d'intérêts humains, est tout - à - fait déchiré. Ménagez -les et ne paroissez porter sur tous ces objets que des regards circonspects et douteux. Demandez doucement à ces prêtres qui se plaignent d'avoir été dépouillés, laquelle de ces deux questions devoit être examinée la première : l'une, si la Nation dépouille aujourd'hui le clergé ; l'autre, si le clergé n'a pas autrefois dépouillé la Nation ? Le clergé, dit Montesquieu, recevoit tant, qu'il faut qu'on lui ait donné

plusieurs fois tous les biens de la France.
Aussi le clergé a-t-il toujours éprouvé le
sort des causes violentes. L'excès dans les
dons a constamment produit l'excès dans
les restitutions.

Les prêtres enfin nous avoient placés
dans une position telle, qu'il falloit cesser
de les écouter, ou cesser de les croire : et
convenez, citoyens, que si les décrets dont
ils se plaignent sont une injustice, aux
yeux des loix civiles, leurs murmures sont
un vrai scandale aux yeux de la religion.
Cessez donc vos plaintes vous qui avez
conservé le noble emploi de suppléer la
morale humaine, si vous voulez qu'on ne
croie pas que la vertu vous est trop difficile
et que vous êtes forcés d'y renoncer. Car
enfin, si vous êtes vertueux vous devien-
drez les premiers hommes de la république, on a seulement déplacé pour vous,
le pouvoir et l'estime. Ce que vous pou-
viez atteindre par l'intrigue et le scandale,
vous l'obtiendrez à l'avenir par les vertus
et la simplicité. A ce compte, les bons
prêtres gagnent ce que les méchans per-
dent. C'est à vous de juger, si vous devez
vous plaindre de vos pertes.

Maintenant, quel est l'intérêt de tous les citoyens? n'est-il pas dans une réunion franche de tous les cœurs? Conjurés, quels sont vos moyens pour nous amener à vos vues? La force ouverte? Toutes les forces sont en action pour la liberté. Est-ce donc la ruse ou l'intrigue? Mais qu'elle est cette intrigue? celle de différer la constitution, d'entasser délais sur délais, de remuer, d'agiter le peuple en tout sens, de le pousser jusqu'à désespérer de tout bien, et de le dégoûter enfin de la liberté par l'excès de la licence.

Eh bien, nous vous accordons tout. Dans ces momens affreux où tout un peuple s'égare et devient furieux, il se jettera comme une bête féroce, sur ceux même qu'il regardoit comme ses frères. Il attaquera toutes les personnes, dévastera toutes les possessions : est-ce là ce que vous voulez? à l'instant où l'anarchie, rompant les foibles digues de l'opinion, se déborderoit en guerre civile, à l'instant où la Convention nationale seroit dissoute, ou qu'on tenteroit de la disperser; à cet instant affreux, les premières victimes seroient tous les citoyens accusés ou suspects, fac-

tieux ou conjurés, les premiers coups de
poignard seroient pour leur sein , lès premiers flambeaux pour leurs maisons. Toutes les barrières fermées de distances, en
distances ne laisseroient plus échapper ni
l'innocent ni le coupable. Cette exécrable
scène montreroit à l'univers épouvanté, tous
les crimes de la richesse et de la puissance
punis par toutes les fureurs de l'indigence
et de la barbarie. O Français ! jettez les
yeux sur cet affreux tableau ; fixez-les si
vous pouvez , et dans cette foule qui s'en-
fuit, qui se cherche, qui s'attaque, qui
se défend; demêlez ? . . . Qui ? vos amis,
vos parens, vos femmes, vos enfans, vous-
mêmes , percés de coups , mêlant votre
sang à celui de vos concitoyens , et votre
cadavre à leur cadavre.

O concitoyens , ne vous révoltez pas
contre un nom si doux ! dites-nous plutôt
comment, à ces déchirantes idées, tous les
Français ne se précipitent pas dans le vœu
unanime d'une constitution dont la seule
attente est mille fois plus dangereuse que
tous ses défauts. Comment ne voyons-nous
pas que la guerre civile, arrivant sur les
pas de l'anarchie , marcheroit pêle-mêle

sur tous nos ossemens , à la lueur de l'incendie de nos maisons. Qui de nous pourroit dire , *ma famille et moi seront exceptés ?* Les scélérats seroient-ils les seuls qui pourroient se flatter de survivre et de surmonter les monceaux de ruines où les honnêtes citoyens périroient écrasés? non , j'en jure par les vertus des braves défenseurs de la patrie , ils arrêteront les horreurs de la guerre dont nous sommes menacés. Il s'en trouvera qui éteindront, par leur courage , les torches de la discorde. On voulut associer aux crimes de la guerre civile , un guerrier digne d'être honoré dans les fastes de la République.

Crillon s'indigna : « Compagnons , dit-
» il à ses soldats , ce n'est point par des
» ravages que je vous ai amenés à la gloire.
» Le sang de l'habitant est sacré pour
» vous. C'est dans les rangs ou sur les
» breches que se trouve l'ennemi que vous
» avez à combattre : jettez ces flambeaux,
» ils sont faits pour les brigands ».

Français ! la durée de leur règne marquée par tant de fureurs et d'excès, ne

servira qu'à rehausser la gloire et le triom-
phe de la République sur tous ses ennemis.
Nos vœux seront remplis, le monstre hy-
deux qui nous écrase sera terrassé.

F I N.

18